La Porte du Matin-Ciel

Karine Leroy

La Porte du Matin-Ciel

Poésies

Édition : BoD · Books on Demand, 31 avenue Saint-Rémy,
57600 Forbach, bod@bod.fr

Impression : Libri Plureos GmbH, Friedensallee 273,
22763 Hamburg (Allemagne)*« En application de l'art. L.137-2.-I. du code de la
propriété intellectuelle, toute reproduction et/ou divulgation de
parties de l'œuvre dépassant le volume prévu par la loi est
expressément interdite ».*

Contact : karineleroy94@yahoo.fr
www.karineleroyconteuse.com

ISBN : 978-2-3225-5984-8
Dépôt légal : Janvier 2025

Karine Leroy a trouvé sa petite musique intérieure, son quant à elle bien singulier : *Entre ma solitude et ton cœur / Entre là-bas et ici / Entre nous et vous.* En poésie, l'autrice ne monte pas sur ses grands chevaux mais tout en douceur les amadoue à force de mots doux, au creux de l'oreille. Son univers est quotidien et fantastique à la fois et sans plus tarder on y voit que le fantastique se love dans le quotidien avec fantaisie, on évite les drames et les ornières grâce à une lucidité éprouvée des roueries de la vie. Karine Leroy apprivoise les fées ; les dragons et les sorcières sont ses amis, rien de simple qui ne soit nimbé d'étrangeté dans ses poèmes. On croit savoir ce dont il s'agit mais *Des réflexions chlorophylles / Et entend les mille-voix des pétales,* les mots nous perdent dans un dédale de significations subliminales, c'est ce qu'on appelle la voix de la poésie.

Le Café-Poésie de Fontenay-sous-Bois accueille depuis de nombreuses années ses faits et gestes de langue, nous en sommes honorés.

Patrice Cazelles
Café-Poésie de Fontenay-sous-Bois

« Sans savoir quand l'aube viendra,
j'ouvre chaque porte,
aura-t-elle des plumes comme un oiseau,
ou des rouleaux comme un rivage »
Emily Dickinson

La Porte du Matin-Ciel

J'ai cherché le chemin des licornes,

J'ai croisé un faisan, puis une biche…

A travers les brumes, un arc-en-ciel m'a mené dans un
Royaume-fond-de piscine

J'y ai trouvé deux pièces-fleurs…

A prendre ou à laisser

On ne peut aller qu'au fond de soi-même

Il y a des matins où les fougères rouillent comme des
armures

Où les ruines du château poussent en forêt fantastique

Où mon Ombre est là, toute prête à ouvrir

la porte du Matin-ciel…

Bougie Fraiche

J'allumerai ma jour-née de mots bénis, de pain fécond et
de rondes intérieures

Flux

Mon cœur, étoile Phénix s'accordera à la valse de

l'Uni-Vers

Flot

Alors le gong de mon esprit ouvrira la Porte

Flamme

Et je pourrai écrire, écrire et écrire

Sister Emily, comme l'aube rafraichissante

Mes cheveux tels une forêt lointaine

Mes cheveux tels une forêt lointaine
Se déploient en délicates ombres d'algues et de corail
Et se diffusent à travers la pluie...

Je marche vers une fête foraine endormie,
Au pied de la baraque aux Renards
Je m'assois et j'attends que le Sultan aux rêves
Me rapporte ma boucle d'oreille...

Au Milieu

Entre le jour et la nuit

Entre chien et loup

Entre ma solitude et ton cœur

Entre là-bas et ici

Entre nous et vous

Entre aujourd'hui et demain

Entre la mort et la vie

Entre tout et rien

Il y a une petite nuance

Floutée d'infini

Une demi-croche

Teintée de bleu ciel

Un espace intime intense

Une perle irisée où se reflètent

Les yeux du cosmos

Entre alors au Milieu

La traversée de l'ô rage

Ça ne fait rien, j'ai l'habitude de marcher

à côté des Champs de Douceur

là où le vent souffle avec plus de force

Les Plaines de Solitude,

La Paix !

Le silence du rocher stoïque

face aux tempêtes essentielles

Tout va si vite, les couleurs ne sont que traits,

estompes de blé ou de chagrin

Une couche plate,

plâtre ombragé, assombrit l'horizon

Eclats d'une carapace de granit

Au bord d'un ponton frais

les vagues me submergent

Partir de cette faille

et reconstruire l'univers

Oh, je voudrais me fondre avec la mer

me glisser au cœur du rocher

Insensible aux limites

Les mots, l'espace, le temps

La plainte du cygne blanc

dans les remous de l'eau noire

Mon cœur, j'ai encore du feu sur les paupières…

L'heure bleue

Quand le lac de cristal

résonne

Mi fugue, mi raison

Au milieu, juste

le La lové

Au creux de ma plaine intérieure

Y déposer une graine

d'orange vive

Finir la boucle

Et affuter mon cil de louve

pour toutes les saisons...

Le réveil des Dragons

C'était une fin d'hiver

Un Jour-Fougère

Où la terre se réveille enfin

J'ai quitté la ville

Pour fuir mes fantômes d'avril

Loin des routes, un petit chemin

Les fées d'eau avaient fleuri

Dans le miroir, terre et ciel étaient unis

Bourgeons et lune prêts à s'épanouir

Un crapaud aux yeux rouges

M'a surprise, plus rien ne bouge

La vie lentement se déroule

Est-ce un prince charmant ? De son regard, il semble
me dire :

Ce n'est pas le moment de se poser des questions

C'est le réveil des Dragons !

Et j'ai senti sous la terre, ces épaisses bêtes qui se
secouent

Tremblent leurs ailes,

Grattent de leurs griffes et sortent de la boue

La vie montait en moi de toute la force

De cette aurore de printemps

J'étais LÀ !

Le cœur apaisé

Je me suis remise à marcher

Ce n'est pas le moment de se poser des questions

C'est le réveil des Dragons !

Lumière du rivage

Il y a une lumière sur le rivage

C'est l'heure d'accoster sur la plage d'une nouvelle vie,

Le soleil est là

Ouvrant son œil du plein midi

Il y a une lumière sur le rivage,

Le Chemin de Verveine est là

A suivre comme un serpent qui se déroule sous mes pas

Il y a une lumière sur le rivage,

J'entends la danse du Millepertuis et des arbres sans
âge

M'invitant à chanter une nouvelle verticalité

Idylles Chlorophylles

A la Lisière de la lumière des feuilles

Au creux de l'air

Une porte-souche à ouvrir

A la brume de l'instant

S'allonger sur un lit de lierres

Au fond du bois dormant

Attendre le baiser du soleil

Plus éternel que celui d'un Prince

Et s'éveiller au cœur

De la source de la sève et du sang

Là, où chantent les écorces et les os

Vibration de velours qui serpente

Le long des mousses

Apaise mon corps fait de terre, de grès

Et de gouttes d'azur

Douce licorne, qui perce l'air

Des réflexions chlorophylles

Et entend les mille-voix des pétales

Tu te superposes à mon front,

Et voilà que je prends racine

Avec mes oreilles de faon !

Ame-Carpe

Comme un parapluie lumineux, j'ai porté ma naïveté

Le long des jours pluvieux et des froides traversées

Derrière ses persiennes, mon Ombre me soufflait

Une valse lointaine, un paysage rêvé

Alors, je suis partie sur la Colline de l'été

Au milieu des herbes folles, trois marches de pierres
chauffées

Il n'y a pas d'épée à retirer, juste respirer

Jusqu'à atteindre la tige verte de la sérénité

Vieilles pierres tombales aux noms effacés

Ruines qui se dilatent dans l'œil du ciel bleu

Même la mort ne veut pas de l'éternité

Des roses fleuriront de nos cheveux

Pensées d'adieux, poussières sauvages

La terre et les arbres ruminent la même sève

Et les hommes ne comprennent toujours pas le langage
de leurs rêves

Quelle voix écouter ?

Quelle carte à abattre ?

J'ai lancé une nouvelle pièce dans la Fontaine aux
miracles

Et j'ai jeté les cendres de mes cœurs anciens

Sur un radeau de lin

Qu'ils s'en aillent

Le long du Fleuve des Moulins à sourires…

Il me tarde d'apprendre à vieillir

Hiver Oz

Dans la chambre du silence, la forêt cache le vert,

Le vert et les cendres des rêves révolus

Un cocon de nuit ramasse nos ailes repliées

Le gel craque nos absences

Hiver,

Voici ton traineau d'os lunaires,

Tu m'offres un collier de givre sous la pleine Lune du
loup

Et son cri est un poème sauvage

Un tunnel vers les étoiles

Frisson,

Tu m'emmènes dans le souffle des neiges bleues

Là où le calme sculpte des sages aux yeux de cristal

Ils savent lire les runes cosmiques

Qu'il y a sur la surface de tous les crânes

Oz,

Dans son manteau blanc, le papillon a disparu

Hiver détient la clef froide de l'évasion

Il a tricoté l'eau en flocons

Les Landes des Chagrines,

Et si seule, ma vie comme un Tilleul

Et si nue, mon âme tombe des nues

Cœurs inversés d'Ombres arlequines

Je reviens, je reviens toujours sur les Landes des
Chagrines

Le ciel s'effeuille, la terre se craquèle

Se pose devant moi la Reine des Corneilles

Son œil est aussi luisant que son cri

Son œil d'ébène est une porte absolue

La Corneille chante sa ritournelle à ellipses

Et tout d'un coup, je me sens moins triste

Tilia est peut-être son nom

Je ne sais pas s'il y a un destin cru

Ou si l'on peut malaxer la terre de sa naissance

Qu'importe, j'ai de nouveau perdu mes clefs et mes
papiers d'identité

Les Landes ont des larmes de brume et le Tilleul un
cœur en or

Danser au creux de son écorce jusqu'à l'aurore

Mon cœur prendra un plumage d'éclipse

Un scarabée-scribe gravera finement ses variations

Plus de sept lustres d'écritures intimes

Laver le miroir d'argent sous les racines

Une ballade écotone comme une promesse

Au loin, une forêt aux feuilles d'émeraude encore en
prémices

Et si seule, et si nue, je continue...

Le Territoire des Oriflammes

Déjouer tous les pièges

Suivre tous les détours

L'almanach de ma vie se feuillette comme un Renard
Rouge qui court

Il y a longtemps, j'enfouissais mes rêves d'enfant-
chamane

dans les Oubliettes de l'Aurore

Il y avait l'or et puis il y avait l'heure

Un matin, m'est revenu le Renard à la queue de Flamme

Il courait sur les Plaines des Clepsydres de sable noir

C'est un territoire de mon âme : le territoire des
Oriflammes

C'est là où le Vent te condanse et dénoue les boucles

Là où le feu zèbre le ciel et fait naître les hologrammes

Là où la terre est aussi dense que de l'ébène

Du regard, le Renard me montre une immense
Obsidienne

Elle s'écarte en oblique, il y a un cri

C'est la lave de la Pesante, l'étincelle du Sublimé

Sous un Soleil bleu, surgit Orphée

Il me tend une clef dorée :

« C'est la Clef du Feu, elle n'appartient pas à tout le
monde

Prends-la quelques secondes ou pour l'éternité

C'est pour le chant profond, les geysers inexplorés

Chère Corsaire aux cheveux d'or

Tu sais qu'il y a l'heure, tu sais qu'il y a... »

Au loin, le Renard Rouge court encore...

L'Estuaire

Un jour inondé de gris

Mes larmes se seraient bien mélangées avec la pluie

Mais j'ai préféré marcher, longer des lignes étrangères

L'horizon et les ombres avaient fondu dans la rivière

Un jour gris comme une vieille valise

Les nuages se déversent en perles

L'eau froide me mord les genoux et rigole de partout

Me voilà vraiment seule, même le héron m'ignore

J'arrive Rue du Bras Mort

Ma faille est devenue gondole

Une entaille bleue qui s'affole

Est-ce bientôt le bout du monde ?

Il y a longtemps ma boussole avait éclaté de chagrin

Avec le temps, parfois mon corps se disloque pour un
rien

Lâcher mes filets et leurs vieux nœuds de feu

La Rue du Bras Mort est plutôt un chemin

J'y croise un Ragondin, il a retrouvé ma main !

La gauche, celle qui retenait mon cœur à pleine poignée

Il la dépose à mes pieds et retourne creuser

Je vais pouvoir lancer à nouveau des sorts !

J'essaye d'attraper la pluie avec mes doigts réanimés

J'approche de l'Estuaire, là où se mélange l'eau douce
et amère

Et toutes les eaux qu'on ne sait nommer

« Barque de cuivre, barque de plomb, barque de bois...

Je veux des écailles irisées sur les épaules, une petite
lampe avec mon génie dedans

Et parler au Vieil Homme sous la lune !

Barque de cuivre, barque de plomb, barque de bois ! »

Le héron se pose devant moi et murmure : « dis-le une
troisième fois ! »

« Barque de cuivre, barque de plomb, barque de bois ! »

Un petit Drakkar en bois apparait sur l'eau

J'hésite, j'embarque. Ses voiles sont légères comme des
hirondelles

Les flots font un bal gris-souris, nous traversons le
rideau de pluie

qui s'ouvre sur la mer...

Matin-Cygne

Seuls craquent mes pas sur les herbes de cristal

Le lac de l'Aurore m'offre son miroir

Assez vaste pour apprivoiser mes songes

Je ramasse des plumes blanches glacées

Une à une, je vais les coudre sur ma robe couleur
d'ivoire

J'écoute enfin mon âme

C'est pour la danse, la danse sacrée

La danse à l'épreuve de la Lune

Les fils rouges font un crépitement

Un tremblement de cocon

Une fois ma robe finement ajustée

Mes mains traceront un Totem d'Azur

Alors, tout au bord des rochers

Se dévoileront les marches du château limpide

Assez vaste pour que j'y plonge

Mais je ne suis pas une Nixe

Pour un nouvel envol, je sécherai mes ailes

Avec le vif du serpent et la pierre vipérine

Vêtue de ma robe immaculée, tendue vers le ciel

De mes paumes jailliront des bulles de lumière violine et

des œufs de dentelle

Dialogues avec mon Ombre…

Printemps

   C'était un après-midi de printemps, sur la plage d'un bout du monde. Le ciel aussi sombre que mes pensées et mes pas lents et la pluie qui vient, gouttes à verses intimes, bien ce qu'il faut pour être à tout point seule et respirer.

Un instant de soleil et le voile de pluie se lève,
Je me retrouve en face de mon Ombre comme en face d'un étranger.
Etalée et bien découpée sur le sable scintillant, elle s'amplifiait de plus belle. Sans attendre, sa voix surgit des sables, épaisse comme un soupir :

- Je t'attendais pour ouvrir les barrières de la mer…

Un instant stupéfaite, je me suis remise à marcher…mais elle me suivait partout, rampante comme un reptile ; cela ne servirait à rien de lui filer un coup de botte pour qu'elle disparaisse, dans le fond je savais bien qu'il fallait qu'elle me parle …

Je lui répondis :

- Va-t'en ! Je veux rester dans les remparts de ma solitude ! Et puis, qui es-tu pour me parler ainsi ?

- Comment ça ?! Tu ne voies pas que je suis ton Ombre ? Enchantée !

Je commençais à écouter, alors elle a continué :

- Relève-toi !

- Mais je suis déjà debout !

- Redresse ton cœur muet, ton âme repliée…

- Je suis déjà assez forte comme ça !

- Tu sais, la mer devient noire pour celui qui se perd. Je t'avais déroulé un tapis pour ne pas couler…et tu n'as pas perdu ton cahier !

- Je sais, c'est en moi que parfois tout s'écroule…

- Oui, j'entends souffler tes peurs, je vois aussi tout ce qui ne t'appartient pas !

- J'aimerai dessiner de nouvelles tombes dans du sable blanc, des sanctuaires blancs de paix…

Je me sentais défroissée, mais restaient en moi un écho impardonnable, des échos encore impensables…

- Tiens, une fiole du sel de tes larmes. Cette fois, tu n'auras pas besoin du venin pour hurler. Et vive, viva la vie !

J'avance vers la mer, vers le large.

J'ai fini par ramasser le coquillage blanc près de l'oreille glacée de la vieille mère et j'ai laissé le corps figé s'en aller par les vagues. Je le sais, je ne pouvais aller au-delà du mur aux briques couleurs de ciel.

- J'ai confié le galop de ton cœur aux gardiens solaires.
Il y a un temps pour tout, il y a un temps pour toi et les
flots vont et viennent sans cesse…

Moi et mon ombre, on a continué à marcher sur la plage,
indéfiniment, jusqu'à la prochaine pluie…

Eté

   Le soleil était là, ouvrant son œil du plein midi.

J'avais laissé ma dernière peau sur la plage des grains
d'or pour ensuite traverser la porte d'une nouvelle
tempête de sable.

Mon Ombre était là, à attendre que je m'éclaircisse les
yeux, bien assise, tout en haut de ma ligne de faille :

- Alors, as-tu toujours du feu sur les paupières ?
Regarde donc derrière toi…

- Ah quoi bon me retourner sur la trace de mes pas, les
vagues finissent toujours par les effacer !

- Et si un jour, tu découvrais à leurs places, les
empreintes d'un animal ?...

J'ai senti alors mes pieds se serrer en patte de tigre, je
courais, je courais et mes bras s'ouvraient comme des
ailes. J'ai hurlé comme une louve avant de plonger dans
la mer.

Cette fois-ci, il y a eu le silence bleu profond de l'Océan
et puis le rire d'un dauphin qui m'a pris tout mon être.

D'un coup, je me suis retrouvée dans une grotte sous-marine. Quel noir étrange, du noir et encore du noir, une obscurité si épaisse qu'elle en était parfaite. J'ai fait un petit feu dans un creuset minéral ; à côté de moi, il y avait un magnifique coquillage rose et blanc. Je ne voyais pas mon Ombre, mais elle était là…

- Il va falloir te glisser le long de ta ligne de faille, te glisser le long de ta ligne de faille…

Mes entrailles se serraient, et j'ai vomi pendant des siècles les colères et les angoisses de mes ancêtres.

Je ne sais plus ce qui s'est passé ensuite mais je me suis retrouvée sur un rocher, toute ruisselante. Une méduse m'avait marquée de son sceau, trois filaments rouges en haut de mon bras gauche. Je n'ai pas oublié et je n'oublierai pas.

- Tu trouveras le pont secret entre le silence amer et la vie, mélange le soleil et la nuit, laisse les mots devenir liquides, les plumes te pousser au bout des doigts.

Je ne pensais pas que mon Ombre pouvait parler avec autant de clarté, mais après tout, la lumière ne peut briller que dans l'obscurité !

Au crépuscule d'été, nous avons scellé en cire rouge-cerise notre pacte, mon Ombre et moi. Je ne serai désormais plus seule en voyage sur les rivages de mon âme…

- Je suis là pour t'apprendre le langage des rêves !

Automne

C'était un matin où l'équilibre était parfait entre la terre et la mer. Mon Ombre était là, touchant le seuil, toute prête à ouvrir la porte du Matin-Ciel. Les armures rouillaient comme les fougères et au loin, les ruines d'un Château poussaient en forêt fantastique…

- Ici commence la Sente sans Nom ! Suis-moi !

Alors, nous sommes parties, sillonnant les prairies toutes trempées de boue. Même un arbre avait pris sa motte de terre pour s'en aller à travers champs !

Et puis, la forêt est apparue. J'y suis entrée presque en tremblant. Mon Ombre apparaissait régulièrement le long des troncs des arbres rugueux.

- Il faut que tu retrouves ta Licorne, tu l'as oubliée dans ton dernier rêve !

- Mais c'est vrai ! Il me semble connaître déjà cette forêt…

- Souviens-toi ! Tu l'as recouverte d'une peau d'âne pour ne pas qu'on la reconnaisse, ta Licorne !

Alors j'ai marché sans m'arrêter et la forêt aux feuilles couleurs de soleil couchant devenait de plus en plus sombre.

Et puis une biche a détalé : une Clairière s'ouvrait devant moi. Dans le creux de verdure, ma Licorne était là, toujours cachée sous la peau d'âne, elle m'attendait, allongée sur l'herbe. J'ai pris la peau et je l'ai déposé sur l'herbe. Ma Licorne s'est ébrouée, elle était petite, comme une chèvre, le poil blanc bouclé fin, une petite corne torsadée au milieu du front.

- Maintenant, tu peux marcher à côté d'elle et suivre le flux des sèves…

- Cela tombe bien, je veux tellement comprendre le langage des arbres !

Nous sommes allées nous perdre aux tréfonds de la forêt, ma Licorne et moi. Mon Ombre avait disparu.

Hiver

Dans le sillage de l'hiver, s'écoulaient les mois sombres. J'habitais désormais dans mon château de lierres et de poussières au fond de ma forêt sauvage. Ma Licorne dormait tranquillement au coin du feu et mon Ombre m'apprenait à voir la nuit. Je commençais à parler aux arbres, leurs orteils de bois me rassuraient tellement. Et puis, je commençais à distinguer d'autres Ombres, encore anonymes.

Une nuit, je me suis réveillée en sursaut : Mon château était en flammes. « C'est un feu nécessaire ! » me criait mon Ombre. Et je la regardais danser à la lueur des flammes.

- Allez, danse, danse, danse !

- Mais qu'arrivera-t' il quand tout sera éteint ?

- Ton château sera de nouveau une cabane, une cabane comme celles que tu aimes tant, tout en bois, et tu pourras réchauffer tes souliers rouges tout près du feu.

Et puis la neige s'est mise à tomber, doucement comme volent les papillons de nuit.

Mon Ombre commençait à se confondre avec la nuit.

- C'est là que je peux toucher les étoiles !

- Comment se fait-il que parfois, je ne sente plus mon corps ?

- Viens, allons près du vieux chêne…Regarde, elle dort dans l'ombre humide de la terre, cachée sous ses racines. C'est ton enfant égarée, elle avait trop attendu que l'on vienne la consoler…

- Elle ne bouge plus ! Petite fille obscure, m'entends-tu ?

- Sur sa peau, lentement la mousse a poussé

Ses petites mains voudraient respirer comme

les feuilles des arbres, mais elle est là, tétanisée

Il faudrait juste qu'on lui parle de l'eau

Qu'on lui parle des plumes et des oiseaux

- Mon enfant obscure, je suis là, je te ramène chez moi

Je te cacherai dans ce petit creux de mon cœur

Tu auras chaud, je te parlerai avec douceur

Je te montrerai la lune, j'avalerai tes larmes

Je te chanterai la berceuse du monde, ma petite fille de l'ombre.

La neige continuait à tomber sur les cendres de mon château. J'ai pris ma petite fille obscure contre moi et je suis partie marcher en la tenant par la main comme on tient une fleur.

Puis, on a fini par se fondre l'une dans l'autre.

Plus tard, sur le chemin, une belle Dame s'est avancée vers moi et m'a souri, elle m'a tendu une écharpe et des moufles couleur de châtaigne.

Mais j'ai préféré marcher pieds nus, la neige était douce par ici,

Marcher pieds nus le long du petit sentier encerclé,

Je n'avais pas à m'en faire,

Juste en dessous,

Il y avait une rivière claire

Etincelles

Je nous souhaite de belles lessives
et de belles envolées
Un peu plus d'or sur les paupières
et des rires en été

Des idées folles à germer et
des fleurs de givre en hiver

Que chaque coup de semelle sur
les goudrons et les chemins,
Nous fassent un peu plus
Rebelles et magiciens !

KJ

Table